나의 봄 우리 여름

시와함께(Along with Poetry) 시인선 002

나의 봄 우리 여름

홍우계 시집

넓은마루

| 시인의 말 |

얼마나 재주 없고 미련했으면
사부 미당 선생께선 나를 굼벵이라 하셨을까.
어느 날
드디어 굼벵이가 매미가 되었다며
여름 한철 한세상 울다가라 하신지 40년,
결코 게으르지 않았으나
이제 여섯 번째 시집을 상자한다.
빛나는 이름의 별이 된 시인들
자구마다 보석 같은 시는 넘친다.
부끄럽다. 부럽다.
그렇다고 떼 지어 친교하거나
여기저기 기웃거리진 않을란다.
무명시인?
차라리 시인이란 칭호를 버릴지언정.

2021년 여름
홍우계

| 차례 |

시인의 말   5

제1부
제 이름도 모르는 채   13
한 채 우주 동창을   14
산의 집   15
달을 불러 겸상하고   16
봄을 보내며   17
그물 넘은 바람같이   18
경계? 다시 삼국유사를 넘기다가   20
서풍에 실려 오는   22
낚시를 드리우고   24
설향雪香   25
불영사佛影寺   26
수향水鄕을 지나며   27
한계령 아래 그 오두막   28
봄밤, 청산聽山   29
대청호 물안개   30
도깨비들 이웃하고   31
시치미   34

열차에서 역사를 읽다 36

대합실 창 너머 38

절이 있던 자리 39

제 2 부

인연 연鳶 43

장미, 그 사람 44

비밀 45

고독으로 얻은 이름 46

비밀Ⅱ 47

꽃그늘 속 검은 뱀 48

꽃의 생일날 49

나 또한 그대에게 50

늦가을 문자 메시지 51

겨울 밤비 52

수탉 평전 53

꿈에 그대가 54

아편阿片의 전설 56

두고 온 교실엔   58

시름 한 점 없는 봄에   60

꽃은 딸 새는 아들 삼고   62

각운, 저 어린 직녀들의   64

동갑   65

주인은 떠났어도   66

이 웬수야 이 애물아   67

그림자와 둘이서   71

제 3 부

우리는 누추하지 않았고   72

노자路資   74

집안 내력   76

유산   78

벽밥   81

섣달 그믐밤   82

미친년 널뛰듯   83

먹을 것 앞에서   84

갈 데 없는 텃새가　85

어떤 난민　86

저승에서 내미는　87

흑룡강 기러기　88

등꽃 그늘　90

배고프니　91

파장 무렵　92

허공에 뚝딱뚝딱　93

그리운 나라　94

두고 온 그 사람　96

나의 봄 우리 여름　98

제 4 부

벙어리매미　101

우계又溪, 다시 솟아 흐르는 시내　102

하찮은 일로 그만　104

성냥불로 드린 인사　106

가출　108

알알이 진주가 되는   110

걱정   112

봉산산방 까치 시론   113

탈고? 이미 발표한 시마저도   114

약속   116

봉산산방 문 앞에서   118

시가 처음 나를 노크할 때   119

책보   120

무심천無心川 갈밭에서   122

소리쟁이 뜯다가 월명사月明師를 생각하다   123

부엉이   124

쥐뿔? 개뿔이나   126

종자기 무덤을 바라보는 백아처럼   128

시, 그 말을 풀어주며   130

대청호반 산 아래   131

작품해설
자유에 노니는 큰 그림을 그리는 노래
　　　　　　(이상호, 한양대명예교수)   133

제1부

제 이름도 모르는 채

나비가 허청허청
가는 저 산엔

제 이름도 모르는
꽃이 꽃이 피었겠네.

세상 잊은 벌 나비 새
동무하다가

찬 서리 내리면
향내 거두고

시름없이 지겠네.
산에 산에 피겠네.

한 채 우주 동창을

구석진 산중에 없는 듯 들어앉은
이웃도 어쩌다 마주치는 산마을

오늘도 종일 소리 없는 전화처럼
나 또한 세상 따윈 궁금치 않다.

집 우宇 집 주宙라 하니
우주는 한 채의 집,

반딧불 같은 별이 처마로 깃들면
만조의 물결같이 밀려드는 벌레소리

풀벌레 소리에 댓잎같이 떠
새도록 찰랑대는 우주 한 채 내 오두막

또 하루 개벽 전 내 안부가 궁금한지
그믐달이 동창을 기웃거린다.

산의 집

뒤뜰엔 신갈 떡갈
상수리 솔숲

앞뜰엔 갈참 졸참
굴참나무 숲,

앞뜰과 뒤뜰 사이
지붕도 벽도 없이

산당山堂은
펑퍼짐한 상석 하나뿐

동서남북 하늘로
통해야 한다,

달을 불러 겸상하고

저녁 해가 걸린 버들
휘어지고 늘어지면
노을이 그득한 골짝에 내 오두막

아버지가 그랬듯
마당에 멍석 깔고
푸성귀뿐인 저녁 수저 드는데

바람이나 찾을까
오가는 이 없는
사립문에 불그레한 달이 서성여

달을 불러 겸상하고
마주한 저녁
어찌 누추할까. 술이 어찌 없을까.

봄을 보내며
―백초白樵 김선회 선생의 한시 「餞春」을 읽고

적막한 골짝에 오랜만에 찾아온 벗
살구꽃 자두꽃 두고서 간다 하여
소반상에 박주산채 대작하는 자리
앞산 뒷산 소쩍새도 밤새 정을 앓았네.
보내고 갈 때마다 내년 기약했으나
사람은 알 수 없어 고개를 젓는 아침
눈 내리듯 꽃잎지네. 흩어져 날리네.
가는 벗이 희미하네. 지는 꽃잎에.

그물 넘은 바람같이

퐁당
우물에 빠진 청개구리 아니라

세상은 내 손안에 있다고
손바닥만 보며 걷는 거북이 아니라

어여삐 날뛰는 손오공이 아니라

무엇 하나 빠져나갈 수 없다는
천망天網* 같은 인터넷,

그물 넘은 바람같이
흐르는 물같이

허공에 띄운

한 척 초승달

이 저녁 누가 타고 소요하시나.

* 친밍 - 『노자』 73장, 天網恢恢 疏而不失(하늘의 그물은 몹시 넓고 성글지만 무엇 하나 빠져나가지 못한다.)

경계? 다시 삼국유사를 넘기다가

세상이 탐나면
하늘이 내려와 신시神市 벌이고
앞날이 궁금하면
표훈表訓은 하늘을 오르내리고

벼랑에 철쭉보다 수로水路가 고우면
암소 끌고 밭에 가던 늙은이
나이를 넘어 꽃을 꺾어 바치고

환장한 바다는 수로를 훔쳐가고
깊은 산도 호수도
참지 못했네.

복사꽃 피면
이승에 두고 간 도화녀桃花女가 사무치면
저승도 넘나들어 오고갔는데

하물며 한 이승에
벗이 오는지
구름이 동으로 앞선 듯 넘어와
달을 서편으로 마중 보내네.

서풍에 실려 오는

안개 끼고 비 내리면
발 빠른 소리도 걸음이 느려지고

겨울이면, 한겨울이면
멀리 그리운 이 부르는 소리도
허공에서 얼어붙어 봄에나 가지.

이 근처 골짝에는 절이 없는데
어디서 들리는지, 저녁 종소리.

백제나 신라 때 여기 어디에
한 채 절이 있어 종을 쳤나 몰라도
무슨 곡절 있었는지 이제 들리네.

옛날, 호랑이도 담배 피던 아주 먼 옛날
바다 건너 멀어도 아주 먼 나라

저녁이슬 송송 맺힌 울타리 아래
귀원전歸園田한 오류선생五柳先生* 국화 따시나
그 향내 바람에 실려서 오네.

* 오류선생 – 동진 말과 남조 송나라 때 시인 도연명陶淵明.

낚시를 드리우고

바다낚시 갔었지.
시퍼런 바다는 낚지 못하고

입동이 지난 밤
홀로 복수濮水*에 낚시 드리우니

서리치는 강물 속엔
은비늘 달빛,

강물에 잠긴
달을 낚는다.

* 복수濮水 – 장자가 낚시하던 강(『장자』, 「외편」, 추수)

설향雪香

새 소리 찬 아침
쌓인 눈이 푸르다.

벽난로엔 시커먼
놋쇠주전자

종알종알 물이 끓어
눈 녹은 물이 끓어

차를 찾았으나
떨어진 지 오래

김이 솟는 찻잔에
향내만 푸르다.

불영사佛影寺

거북이
한 쌍 거북이*
천 길 동해에서 솟아올라서
여기 와 나란히 여래를 받들자
출렁이는 골짝은 바다가 되고
불영사, 그대는
망망한 바다 위에 홀로 핀 연꽃.
거북은 오늘도 푸른 물결 헤치고
한 송이 연꽃이 영원을 건너네.

* 불영사 거북 – 대웅전을 받치고 있는 건 주춧돌이 아니다. 한 쌍 거북이다. 본래 바다에서 사는 짐승이 어떻게 나란히 여기까지 왔는지, 골짝은 별안간 바다가 된 거라.

수향水鄉을 지나며

한나절 가도 가도 강에는 온통 연잎
강심을 따라서 배들은 오가고

봉오리 봉오리 꽃을 받든 연잎이
한 쪽으로 조붓한 물길을 열면

언덕에는 개가 짖는 오두막 한 채
외로운 굴뚝에는 몽개몽개 흰 연기

흘러가는 강물에 노을은 천 리
돌아오는 어부 배엔 노을이 만 석.

한계령 아래 그 오두막
– 김용국 선생에게

새들도 외로움에 못살고 떠난
바람도 구름도 물소리도 오색五色인
한계령 아래 山山 오색 산골짝

굽이굽이 모롱이 돌고 또 돌아
저 영嶺같이 높은
그리움을 넘은 이들

골짝은 좁아도 설악을 품고
저 아래 동명東溟만큼 속 깊은 사람들이
주소를 두고 사는 山山 산마을.

산과 함께 잠들고 함께 일어나고
산과 함께 숨 쉬는 오색 오두막

한로 지나 철지난 감자를 캐고
찬이슬 흠뻑 젖은 콩 따고 대추 줍고
단풍 준비하느라 어수선하겠네.

봄밤, 청산聽山

천산千山에 꽃 피는 봄
보름달도 활짝 핀 밤

소쩍새 울음소리
골짝마다 메아리

흰 모래 석간수엔
반짝이는 메아리,

돌아오는 제 울음에
취해 수작하는

만산萬山에 달 지는 봄
무너지는 소쩍밤.

대청호 물안개

가끔은 개가 짖고
닭 우는 소리가 물 아래서 들리는데

한밤에도 더러 물속이 환한 건
어느 집에 제사 들어 불 밝힌 탓이다.

대청호에 잠긴 물 아래 마을엔
고향을 버리지 못한 이들이 아직 남아

아침저녁 밥 짓는 연기가 솟고
그 연기가 몽개몽개 물안개로 피는 거라.

도깨비들 이웃하고

1.
홀어미랑 살던 외딴집 노총각이
도깨비 각시한테 장가들더니
금 나와라 뚝딱 집 나와라 뚝딱
방망이 휘둘러 아들을 낳은 뒤로

양귀비꽃 입술로 코맹맹이 소리하는
동구 밖 주막에 고 앙큼한 도깨비가
몽그작몽그작 궁둥짝을 비트는 건
저도 시집 한번 가고 싶어서다.

2.
샛별은 말똥말똥 그믐달은 새파란데
풀어헤친 옷고름 부스스한 머리로
허청허청 들어서는 저게 누군가.

작년엔 논 팔더니 밭 내놓은 저번 이장
어디에 숨겨둔 도깨비 각시 있는지
밤새 씨름했는지 이제야 온다.

3.
여보게 이서방.
저 앞에 가는 게 누구 애비 아닌가?
자네 선친 제사가 내일 모레지?
이름들을 부르고 제삿날을 다 아는

도깨비가 동네 멀리 떠나지 않고
늦은 밤 집으로 돌아오는 사람을
추근추근 따라오고 장난을 거는 건
저도 사람이랑 살고 싶어서다.

시치미

야근을 마치고
터벅터벅 하숙으로 가던 골목을
개가 막았습니다. 딱 걸음이 멎었습니다.

헐떡헐떡 혓바닥으로 땀을 흘리며
한 쌍 개가 치르는 큰일 앞에서
걸음이 저절로 멎었습니다.

글쎄, 손가락 하나 까딱 못하고 있었는데요
어? 어디서도 인기척은 없는데?
쌔액쌔액
가슴이 달아오른 소리가 들려.

어떤 낌새에 한쪽 돌담으로 눈이 갔는데요
아차! 담 너머에 눈이 있었습니다.
마주친 여인네 얼굴 하나가
쏘옥 들어가고
기척은 사라졌는데요.

쌔액쌔액

소리는 여전해 두리번거리는데요 글쎄

까치밥 몇 개 남은 감나무에 걸린 달이

가던 길을 멈춘 채 목을 늘인 달이 글쎄

흠칫, 시치미를 떼었습니다.

열차에서 역사를 읽다

어디서 오는 열차인지
오른 게 해 질 무렵
이제 막 자정인데
그 사이 천 년이 지났다.

들을 지나 강을 건너고
협곡을 지나 거대한 겨울산을 넘었다.

한 나라가
때로 정차하는 역처럼 다가오면
어디서 탔는지 모르는 손님들이 내리고,
어디로 가는지
알 수 없는 나그네들이 오르고
가다보면 또 다른 나라가 일어섰다 무너지고

문장의 한 구석
한 자의 이름이 올랐다 사라지는 사이
차창 너머 지나가는 불 밝힌 창처럼

낡은 영화필름처럼
이름도 없이 명멸한 이름들,
강가 모래알보다 많았을 사람들.

종착역은 어디인지
얼마를 더 갈지
어디만큼 왔는지
다음 역은 어디인지.

가도 가도 터널보다 어두운 밤
밤으로 가는 열차는
없는 듯 희미한 역사를 통과하고
또 한 장 역사가 넘어간다.

대합실 창 너머

역 광장 건너
조개껍질 같은 지붕

주막의 노파처럼
잠들지 않은 등.

방울방울 매화봄비
흩날리는데

어딜 갔다 오시나
어디 먼 데 가시나

등 아래 한 사내
액자에서 사라지네.

절이 있던 자리

나무둥치 사이 띄엄띄엄 주춧돌
칡넝쿨에 묻히다 머리 내민 옥개석

망치에 맞서고 정을 튕겨내던
돌만 겨우 남았을 뿐.

아니, 허공에 기대선 저 바위벼랑에
바위옷 가사 걸친 부처님 한 분

상호가 다 닳은 게 뒷모습인 듯
세상을 등진 듯 들어가시네.

제2부

인연 연鳶

서리치는 동짓달
나는 새도 끊긴 저녁

하늬바람 속에는
허리 가는 초승달,

얼레에 실이 다해
날아간 줄 알았더니

눈썹 먼저 웃던 얼굴
아직 거기 날고 있네.

현弦을 걸어 뜯고 싶은
상아 초승달.

장미, 그 사람

어디에 피어 있나.
이 향내는

검붉은 차도르로
얼굴을 가린

내 죄같이 숨긴
그 사람 냄새.

누구라도 한번 보면
그대로 얼어붙을

장미,
그 사람.

비밀

체리색 립스틱
자국 짙은 저 꽁초가
왜 없겠어요.

한번 보면 감전되는
검붉은 저 장미도
표독한 가시 없이 어찌 살았겠어요.

온몸엔 구석구석
루비
사파이어 같은 흉터

손톱을 거두어요.
덧나겠어요.

꽃도 귀가 있어
옛일 생각나는지
왈칵, 꽃잎을 쏟네요.

고독으로 얻은 이름

톡 쏘는 빛깔과
핏빛 향내

그리고
아무도 다가서지 않는
적막,

벌 나비 날아들면
전화벨이 울리면

장미는
장미가 아니다.

홀로 각혈하며 숨질지언정
그 뜨거운
가시가 없으면.

비밀 Ⅱ

열 길 물속보다
마음속에 숨기면

꼭꼭 잠가두면
누가 알까 싶던 비밀

아득한 품속에서 자라는 줄은
어두울수록 빛나는 줄 나도 몰랐어.

남에게 보이면 부정 타지 않을까
누구에게 말하면 때 묻지 않을까

어디에도 고백할 수 없었던
내 죄 같은 사람.

이제는 감출 수 없는
진주같이 아픈 사람.

꽃그늘 속 검은 뱀

날름날름
핥는 불꽃같이
다가와 귀에 속삭이지 않았어도
막 허물을 벗은 듯
자르르 빛이 흐르는 네게
…… 눈도 깜빡 못하면
날름 삼켜 내가 네가 되면
너는 내가 되고,
머리 빗고 립스틱을 바꿀 때
나는 네 거울 속에 있을 거다.

꽃의 생일날

얼굴에 흐르는
촉촉한 윤기
고개를 숙이니
흰 목이 더 가늘다.
향내마저 요염해
이끌린 나는
은쟁반에 샘물 받든
시녀가 된다.

나 또한 그대에게

두레박을 드리워 물이 고이면
길어 올리는 사이
물이 다 새는
오래된 우물에 두레박 같은
손금을 가만히 들여다보면
헤아릴 수 없는 실금을 따라
지나간 바람
스쳐간 사람.

늦가을 문자 메시지

모란 피면 모란 곁에
나란히 섰었고

사과 볼이 붉어지면
그 깊은 하늘로 뻗던
낮달같이 희던 손

그믐으로 가는 낮달같이
가늘던 허리.

모란보다
사과보다
향기롭던 그대.

모란이 홀로 피었다 지더니
사과는 새들이 쫀다고 쓴다.

겨울 밤비
– 오랜 벗, 〈찬비〉 윤정하에게

한번은
관악산 무지개로 넘어오더니

또 한번은
모올래 등 뒤로 와 눈 가리는 친구처럼
안양천 안개로 와 나를 안더니

가을엔 바람에 지는 단풍잎으로
내 손에 포개던 그대 고운 손.

나지막한 경상도 가시내 목소리
이 겨울밤 그대는 비로 오고
사근사근 속삭임에 밤새 젖으면

만나지 못해도
곁에 있지 않아도.

수탉 평전

한때는
선녀의 날개옷을 훔쳤던 나무꾼.

아이를 안고 떠난 여인을 찾아
두레박을 타고 올라 하늘을 밟은 사내.

그리고 천기天機,
하늘을 구석구석 아는 사내.

두레박은 끊어지고 용마는 떠나고
사슴의 발자국은 보이지 않는

한밤 꼭대기
한낮 지붕에서

하늘을 향한 절규
오늘도 꼬리 길―다.

꿈에 그대가

내가 그리워하면
그걸 알고 그대가 찾아오는 건지
그대가 나를 그리워하면
내 꿈에 그대가 보이는 건지

도무지 헤아릴 수 없는 꿈으로
혼곤한 밤 홀연히 찾아온 사람.

나를 안고 ·…… 볼을 비비고
·…… 쓰다듬는 손끝마다
헉, 난 숨이 멎고 ·……
달아오른 가슴 끝내 터지고
사흘을 까마득 넋을 잃었네.

산 넘고 바다 건너
아련한 세월에서
그대가 다녀가고 아이를 가졌네.

달이 차면
석녀石女가 아이 낳았다 말들 많겠네.

아편阿片의 전설

안양천 냇가에 양귀비 피었다.

어릴 적
백두白頭 고개 넘으면 외갓집 동네
흰 양귀비 피었겠다.

본 사람 없어도 누군지 산다는
옛날 옛적 먹기와집
그 집 뜰에는.

밤이면 소복素服한 여인이 된다는
호리호리 긴 키에 창백한 얼굴.

누가 아파 누웠을 때
잠 못 이룰 때
찾아가 이마를 씻어준다는

아무나 볼 수 없는
손 댈 수 없는
높은 담 깊은 뜰에 하얀 양귀비

안개 낀 새벽이면 꽃이 된다는
누군가 고이 숨겨두고 잊은 사람.

두고 온 교실엔

발걸음소리로 나를 알아본
새벽비로 머리감고
세수 마친 쪽

주사바늘 끝
이슬 같은 눈망울
망울 망울들.

혹시
저한테 눈길 주지 않으면
행여
저를 보지 않으면

반짝 고개 드는
저요, 손을 드는
쌤 저기요. 쌤 쌤, 절 좀 보세요.
아니요, 저요 저요, 손을 흔드는
온몸으로 나풀나풀 일어서던 쪽밭에는

청어람靑於藍*할 아이들
가외可畏할 후생*.

누가 있나 몰라
부끄러움 모르고.

---

* 청어람-『순자, 권학편』.
* 후생가외-『논어, 자한편』..

시름 한 점 없는 봄에

뜰에 나서니
와락 밀려드는 향내, 이미
꽃가지가 휘도록 몰려든 꿀벌 떼

새벽잠을 흔들던 그 천둥은
송이송이 모란이 피는 소리였구나.

꽃 속에 들어서 허우적거리는 애,
팔다리를 하늘로 바동대는 아이,
서로서로 엉켜서 노닥이는 아이들,
아장아장 제자리만 거니는 녀석,
재주넘다 뒹굴며 혼자 노는 녀석,
자빠지면 자빠진 채 엎어지면 엎어진 채

꽃잎을 핥는 놈, 오물오물 씹는 놈,
얼굴 단장하는 놈, 날개를 터는 놈,
이쪽 볼 저쪽 볼을 꽃술에 문지르다
꽃가루에 파묻혀 넋을 놓은 것.

어디 가든 꽃이 문 열고 기다리는
시름 한 점 없는 봄 북새통 속에
안고 싶은 내 딸, 보일 듯한 내 어린 딸.

꽃은 딸 새는 아들 삼고

마을 뒷산 꼬불꼬불 산길 끝 외딴집엔
하얀 옥양목 치마저고리

명다리*로 무명 한 필 바치지 않았어도
뜬귀 들어 누우면 세상이 아득하면
찾아와 비손하며 쓸어주던 손

시름없을 이팔 봄날 점지를 받아
평생을 홀로 신을 모시고
객귀 든 꽃 앓는 새들 찾아다니던 딸.

세상에나 온갖 꽃이 별안간 시들더니
흰 깃털로 갈아입은 새떼 날아왔습니다.

구름같이 실려 간 지 벌써 반백 년
초롱꽃은 아직도 고갤 숙였습니다.

* 명다리 – 아이들은 삼신이 점지하나 잡신들이 붙어 탈이 날 때 많으니, 신의 딸인 무녀가 맡아 잡귀를 막고 삼신에게 기원해 주길 바라는 형식의 명다리가 있다. 베나 무명에 생년월일과 성명을 적어 무당에게 바치면 아이는 무녀의 보호와 기원을 받으며 자랄 거다.

각운, 저 어린 직녀들의

샘물보다 맑은 실
달빛보다 가는 실
잉아엔 날실
바디엔 씨실
돌돌돌 풀리는
한 타래 북실.
베틀에서 새우는
기나긴 누에실 밤
등불 대신 깜빡이는
반딧불 명주실 밤.
아침마다 잎새마다
알알이 수정구슬
귀뚜라미 실蟋
귀뚜라미 솔蟀
실실솔솔 실실솔솔
귀뚜라미 눈물.

동갑

어머니가 보였네.

저승에 어머니집
마당에 들어설 때
장독대쪽 하얀 무명치마 저고리

천지간 신명들만
알아듣는 말씀으로
허리를 조아리며 빌고 계셨네.

저승에 가셨어도 서리 찬 새벽
정한수 사발을 잊지 않은 어머니
꿈에 보였네.

쉰 살에 나이 멎은 어머니는 그대론데
―누구요오?
올해로 동갑인 날 알아보지 못했네.

주인은 떠났어도

외숙모 유골을 강에 띄우고
오던 길에 들렀던 주인 떠난 집

혈육 없이 서른에 삼촌 보내고
슬하에 여러 남매 꽃을 기른 우리 숙모,

진달래에 소쩍새 우는 봄이나
국화에 달빛이 시린 가을밤

홀로 지키던 집 주인은 떠났어도
작약이 피네, 모란은 이미 지고.

이 웬수야 이 애물아

어떡하니, 이렇게 좋으면
견딜 수가 없으면 어떡한다니.

내 생각은 있는지 알지도 못함시롱
혼자 몸이 달아 깔딱 숨이 넘어가면
이 웬수야 이 애물아 어떻게 하니.

헤어질 땐 어쩔려구 내가 왜 이러니.
죽으면 잊을까, 어떻게 잊을려구.
이러면 안 되는데 왜 이런다니.

내가 내 말을 듣지 않으면
내가 나를 말리지 못하면
내가 나랑 따로 놀면 어떡한다니.

제3부

그림자와 둘이서

냇가를 걸었다.
올해 들어 어제까지
751킬로

오늘도 타박타박 제주 멀지 않을 텐데
그 동안 마신 술은
또 얼마일까.

마시면 온갖 근심 잊을 수 있다고
망우물忘憂物로 부르던 정절선생靖節先生이여
망우물로 온갖 근심 다 잊으셨나.

만고시름 녹이자던 청련거사青蓮居士여
술로 그 시름 다 없애고 가셨나.

무거워 모가지가 늘어진 그림자와
오늘도 걸었네.
그리고 마시네.

우리는 누추하지 않았고

뒷집엔 오촌 앞집엔 팔촌
하나같이 사립문도 담도 없는 마을

해마다 서리가 내릴 때면
이엉을 새로 엮어 덮는 지붕 아래
도배도 못한 흙방에서 먹고 누울지언정

우물엔 늘 찰랑대는
달과 별을 마시고
은하수로 세수하고 머리도 감았다.

가랑머리 땋아 늘인 누님 같은 우리 고모
나를 업고 다니던 막내고모는
무지개 오려서 베갯모 깁고,
마실 온 곰례네 보름달 수틀 속엔
목화구름 남빛 하늘 머리 붉은 학 한 쌍
지금도 나란히 나란히 날고

진달래꽃 따먹어
입술이 까만 우리
칡을 씹던 이빨은 누구보다 짱짱했다.

대추 감을 드리우고
내밀던 하늘,
밀보리 이삭을 밀어올리고
품은 감자 내주던 하늘 아래 땅.

우리는 누구 하나 배고프지 않았다.

노자路資

 수세水洗를 마치고 …… 삼베치마 저고리 …… 입혀 드리고 …… 관을 방에 들이기 전, 염포殮布를 손에 든 아저씨가 가시는 엄니한테 노자를 드리란다.

 저승나루 사공에겐 뱃삯도 내야하고, 저 험한 바위산 고개 아래엔 허기 채울 주막도 있겠지. 시장할 저승사자한테는 술도 한 잔 사야 …… 할 터. 노자가 들지. 있어야 하지.

 드리라는데 …… 평생에 지갑을 가져본 적 없는 내 주머니엔 …… 천 원짜리 한 장 잡히지 않는데, …… 드려야 하는데 …… 염을 잠시 멈추고 어디 가 꾸나? 돈 될 거라곤 말린 고추 스무 근, 어깨 메고 장에 나가 바꾸어 오나? 어떻게 마련하나. 이 일을 어찌하나.

 삼천 밤 밤마다 밤에서 밤으로 …… 만지작거리다 미처 다 쓰지 못한 …… 우리엄니 품속에 시 한 편 넣었네 …… 드릴 게 없었네. 그것밖에 없었네.

동행하던 저승객들 주머니를 믿을 때, 왁자지껄 저승나루 주막에 들어갈 때 …… 마른 목을 축이고 주린 배를 채울 때 …… 이름 없는 시인의 시 한 편 쥔 우리 엄니 …… 어느 구석 계실까. 어디서 뭘 하실까.

집안 내력

학교에서 오자마자
고개를 숙인 채
슬그머니 돌아서는 아이

얼핏
눈언저리 풀빛 멍이다.

소리를 지를 줄도
떼쓰지도 못하는 녀석
누구랑 다투지도 못할 놈인데,

방문은 잠겼어도 그 너머에선
초등학교 2학년
아이가 훌쩍였다.

-맞은 놈은 다리를 뻗고서 자도
때린 놈은 오그리고 자는 거란다.

코피 묻은 소매로 들어오는 나더러
할머니는 죄 없어도 피하라 했었네.
할미꽃, 할미꽃같이 고개 들지 말라 했네.

유산

1
천둥이 치면
술 마실 때 천둥이 치면
더 쩌렁쩌렁 삿대질하던 할아버지

그 손아귀서 쩔쩔매던 산이
이쪽으로 저쪽으로 끌려 다니다
제멋대로 널브러진
몇 마지기 논밭

2
소학교는커녕
서당도 다닌 적 없다고 했다.

이름을 읽지도
쓰지도 못했던
눈이 검은 아버지

골방에선 술이 익고
쥐들이 뛰어다니는 천장
벼룩 이虱랑 뒹굴며 같이 살던 집,
남의 터에 선 초가였었어도
나는
가난하지 않았다.

3
제사 때면 망건에 갓을 쓴 할아버지
읍내 이발소를 다녀온 아버지는
하얀 무명 두루마기
나는
아무것도 부끄럽지 않았다.

4
할머니는 머리에 비녀를 꽂고
수건을 쓴 채 늙은 어머니의
제사를 앞두고

놋그릇을 닦던 마음.

열 살이 넘도록 구구단도 모르고
ABC는 더 모르는 내 아이에게
무엇을 물려줄까 이것뿐인데.

벽밥

문을 열고 들어가면
벽을 보고 홀로 앉은 사내,

등만 보이고
얼굴은 보이지 않는 사내들
찾아가는 밥집마다 앉아 있었지.

TV도 적막한
서울 속 외딴섬
집밥을 먹어 본 게 언제였는지
오랜만에 냄비가 자글자글 끓는데

이 저녁 벽을 두고 마주한 듯한
그대도 거기서 벽술*을 하고 있나.

---

* '혼밥'이나 '혼술'이니 하는 말이 세상에 떠돌기 전 쓴 시로, 그 걸 흉내내지 않았음을 밝힌다.

섣달 그믐밤

하늘이 다 무너져 내리는 듯
쏟아지는 눈이 그치지 않는 밤

늘 연락도 없이 와 창을 두드리다
휭 하니 가버리는 역마驛馬*,

불치의 행려병을 앓는 바람도
고향에 늙은 부모가 있어

눈 내리는 처마에 걸어놓았을
보오얀 등불 찾아 갔나 기척 없는 밤

또 누가 남의 집 셋방에 누워
머나먼 천장만 깊도록 바라볼까.

* 역마살驛馬煞

미친년 널뛰듯

가게마다 문을 닫은 시장 한 구석
지난 밤 새도록 불 밝히더니
이 아침도 〈고향집〉 문을 열었다.

부기가 뚜렷한 얼굴의 늙은이
며느린지 딸인지 나무껍질 같은 손이
더께 낀 내 식탁에 뚝배기를 놓는데

양손엔 선물꾸러 …… 몇 만대 차량
……온 가족 …… 차례상 …… TV마다 오도방정
기자마다 호들갑인 오늘은 한가위

창밖을 보거나 벽을 향한 채
서로를 등지고 홀로 앉은 두어 사내
식어가는 해장국에 쇠주를 드는 이 때

또 어디 가깝고 먼 고향집은 있을 테지.
움츠러든 어깨여. 늘어진 모가지여.
우리도 외면한 채 음복을 하자.

먹을 것 앞에서

짐승들은 왜 머리를 깊이 숙이고
새들은 할끔할끔 눈치를 보는지

나는 왜 구걸처럼
수없이 이마를 조아렸나 몰라.

먹어야 하나
또 한 끼 절을 하며 먹어야 하나.

수저를 놓다가도
그보다 더 고개를 들 수 없는 건

말없이 먹을 걸 내주는 저 천지에
부끄러워 저절로 그런지 몰라.

갈 데 없는 텃새가

재건축한다고 철거를 기다리는
서울 끝 변두리 시큼한 아파트

다들 떠나고 얼마 남지 않은
눈길도 머물지 않는 한 모퉁이

어느 손이 차린 건지
까만 소반에
한 접시 사료와 물,

오소리 족제비 다람쥐 뱀
맹꽁이 종다리 제비 꿩
토박이는 모두 떠난 지 오래

갈 곳이 없는 산비둘기 하나가
떠돌이 고양이밥
할끔할끔 훔친다.

어떤 난민

버들눈 트고 봄싹이 돋으면서
북국에 난리도 물러갔는지

겨우내 맨발로 옹송그리다
돌아가는 오리 떼 어수선한 강가에

전세 전전하다가 월세 궁궁하고 있는
내 동생 부부 같은 저 젊은 한 쌍 오리

이제는 돌아갈 둥지도 잊었는지
죽지에 얼굴 묻고 모래톱에 잠들었다.

저승에서 내미는

햇볕 한 조각 머물지 못하는
반 지하 내 옆방엔 번데기 하나
고치 같은 단칸방에 쪼글쪼글 살고 있지.

나비가 될까 나방이 될까
이제는 팔랑팔랑 날아갈 땐데
온종일 안에서 나오지 않더니

―홍군, 담깐 게 있어 보라.
저승꽃이 환한 얼굴 어깨 너머로
본 적 없는 영감님이 얼핏 비쳤나?
문 앞에서 마주치자 이내 들어가더니

―어데가 넝감 데사였어.
이승에 아귀 걸신 두레상에 두루 불러
먹여도 넉넉할 산적 소주 삼색나물
검버섯이 가득한 저승손이 내미네.

흑룡강 기러기

텃세에 밀려난
시장 저 밖 모퉁이
솥뚜껑만한 누룽지를 노릇노릇 펴놓고
쭈그리고 앉은 기러기 한 마리

전라도 땅끝에서 살던 증조가
임자 없는 땅을 찾아 압록강 건너
흑룡강이 어디인지 러시아가 가깝다는
멀고먼 북국北國에서 왔다고 했다.

여럿이 죽고,
돌림병 메르스는 물러갔어도
행인들은 서리처럼 서로를 외면하고
여름 와도 복면을 풀지 않았다.

화성 어디 있다는 대학병원에
간병일 다녔다던 흑룡강 기러기

다시 봄이 가고 여름 오도록
누룽지 아줌마는 보이지 않았다.

몇 해가 지났나. 또 무슨 역병.
얼마나 죽었는지 관이 모자란다고
묻을 데가 모자라 떼로 묻는다고
여기저기 나라마다 눈썹이 타는데
영영 날아갔는지 보이지 않았다.

등꽃 그늘

일마다
꼬이고 비틀려
일어서지 못한 채 흙에 뒹굴 때
거들떠보는 이 하나 없었고,
누가
손 좀 잡아 달라 했을 때
너도 나도 아무도 들어주지 않았다.
얼마나 서러웠으면
끝내 그 힘으로 일어선 나무가
허공에 보랏빛 등燈 주렁주렁 켜들고
향그러운 그늘에서 쉬어가라네.
오가는 행인더러 쉬어가라 흔드네.

배고프니

불을 끄고 누웠어도
잠이 오지 않는 밤

창이 밝아 문을 여니
달 아래 매화

가린 데 없는 벌거숭이로
고스란히 눈보라 맞고

뼈만 남은 듯 앙상한 가지를
마구 할퀴던 바람으로 피었네.

춥고 배고픈 하루하루가
송이송이 매화로 향기롭게 핀다면

만 리 길 겨울도
걸어가겠네.

파장 무렵

마냥 길 줄 알았더니 볕이 짧구나.

허공에선 소리 없이 폭죽이 터지는지
노랑다홍 불똥 같은 단풍잎 지는 저녁

벌였던 몇 가지
자루에 담고 보따릴 싸자.

이고 지고
들고 끌고
단풍 든 저 가을 산 넘어
우리는 너나없이 겨울로 갈 목숨들

이제껏 머물던 자리를 쓸자,
오가는 이 뜸한 장터 한 편 국밥집
앉거나 선 채 한 술 했으면.

허공에 뚝딱뚝딱

혼자는 살 수 없어
어쩔 수 없이
마주치는 사람들,
스쳐간 사람마다
상처가 되고 멍으로 맺히면
피할 수 없는 사람들이 흉터로 남으면
서러운 사람은
서러울 때마다
산 너머 바다 건너
먼먼 허공에 뚝딱뚝딱 집을 짓지.
차마 잊지 못하는 사람
못내 그리운 사람들 사는
뚝딱뚝딱 허공에 동네를 세우지.
세상은 늘 남들의 것
속절없이 몸이야 이 땅에 두었어도
이미 세상을 버린 사람은.

그리운 나라

아이고오,
이런 지랄 옘병할.
선거가, 우라질 눔의 선거가 뭐라구.
모기 거머리 같은 눔덜
세금이나 뜯어가지,
참 이거 환장하것네.

벼락을 얻어맞은 한 쌍 새가
불이야! 불이야!
문간 둘레 하늘을 혼비백산 울며 날 때
시장 갔다 절룩절룩 돌아온 형수
우편함에 선거공보 패대기칩니다요.

이 무거운 걸
그냥 쑤셔 넣구 가면 어뜩햐.
아이고오
이걸 어뜩햐. 나 참 미치것네.

누가 알았습니까?
새가 우편함에 새끼 깐 줄을.

왕王도 세稅도 없는* 땅속
선거도 우편함도 없는 그 나라
그 깊은 하늘을 마음껏 날라고
깊이깊이 텃밭을 파고 있습니다요.
자식 없는 형수가 눈물 콧물 범벅 되어
죽은 새끼 새들을 묻고 있습니다요.

* 도연명의 「桃花源記」에 '秋熟靡王稅'라는 구절이 있다.

두고 온 그 사람

어찌 그늘진 뜰일까.
내 고운 이 자리가
어찌, 남의 지붕 아래일까.

남의 집 세貰살이에
데려오지 못했던
고향집 깊은 뜰 모란에게서

―아무쪼록 부디 한번 다녀가소서.
얼마만의 소식인가 바람 편에 왔습니다.

밑 빠진 독같이
목마른 또 하루

내일 내일 모레 하다 겨우 간 집에
그 사이 이미 모란은 지고

전에 못 본 새 한 마리 갸웃거렸습니다.
지붕 담을 이리저리 날며 울었습니다.

나의 봄 우리 여름

가을도 깊어
큰눈이 오는 대설大雪,

비로소 돌아온
고향 빈집 울 밑에

언제 피었는지
이제 피는 중인지
황달기가 역력한 몇 송이 국화

시들지도 못하고
눈에 덮이네.
서리에 얼었다가 눈에 덮이네.

제4부

벙어리매미

까막눈 아버지는 주막에서 술 마시다
주전자를 안고 죽어 술이 되더니

어머니는 호미 쥐고 밭고랑에서
밀보리 고추 마늘 감자가 되었지.

산은 산이 되라 하고
강은 강이 되라 하는데

드디어 굼벵이가 매미가 되었구나*.

여름 한철 한세상 울다 가라 했는데
풀벌레 우네. 이슬 맺히고.

* 미당 선생께서 1981년 대학 강의실에서 필자에게 하신 말씀.

우계又溪, 다시 솟아 흐르는 시내

대학 정문 앞 저만치
선생님이 택시를 향해 손을 들고 계신데
쪼르르 굴러간 여학생 하나가
코앞에서 차를 가로채갔습니다.

차라도 잡아드릴까 곁에서 서성일 때
—홍군, 어디 가 골뱅이에 맥주나 한 잔 하세.
마침 삶은 소라 골뱅이를 파는
간판도 없는 집에서였습니다.

—자네는 성이 '홍'씨이고 가운데 이름자가 '흥', 첫소리가 히읗히읗에 받침이 또 이응이응이니 음이 좋지 않네.
—그렇지 않아도 어려서부터 놀림이 …… 적당한 이름 하나 ……
—그래, 생각해 봄세.

한 병에 또 한 병. …… 뜸이 들은 듯
ㅡ흐음, 또 우叉 자에 시내 계溪 자를 쓰게. 우리 선조들이 계자를 많이 썼지마는 그 뜻을 안 이가 많지 않을 것이니 우계로 하게. 온 산에 들에 가뭄이 들면 시내는 마르고 멈춘 것 같으나 땅속으로 스며들어 흐르는 것이니. 목마른 때 만나도 멈추지 말고 다시 솟아 흐르는 시내가 되거라.

ㅡ시절이 좋지 않으면 또 스며 흐르고.
시절을 걱정하며 말씀하셨습니다.

하찮은 일로 그만

 방학 때마다 공사판을 전전했어요. 공사장엔 늘 일손이 부족하고 여러 일거리가 있는데요, 기술이 없으면 그저 힘으로 밀어붙이는 잡부 일이 고작이었습니다. 질통을 지고 오르내리거나 삽질 같은 잡다한 일을 시키는 대로 했지요.

 하다보면 땀나는 건 당연한데요, 셔츠를 벗어 짜면 젖은 수건 짤 때같이 땀이 주르륵 쏟아져요. 일하면서 몇 번씩 되풀이했습니다. 등에서 흘러내린 땀으로 속옷은 말할 것도 없이 척척하고요.

 개학이 가까운 이번 여름엔 열차 한 칸만한 대한통운 트럭에 실린 시멘트 하역작업이 걸려들었어요. 포대를 하나하나 어깨로 옮겨 쌓다 보니, 박음질한 포대 틈으로 쏟아지는 시멘트가루가 머리카락 새로 많이 들어갔나 봐요. 독성이 강한지 감고 또 감아도 가렵데요. 참을 수 없어 결국은 삭발을 했어요.

털도 없는 감자대가리로 개강을 맞았습니다. 보자기에 책을 싸들고 학교에 갔는데요, 강의실 앞 복도에서 사부 눈에 띄었습니다.

─어허, 책보로구나! 그런데 홍군, 어디 잘못된 데 갔다 온 건 아닌가?

시절이 어수선한 1981년, 어디 붙잡혀 가 고생하지 않았는지 걱정이 되셨던 모양이었습니다. 곡절을 듣고는 안심하기보다 얼굴을 잔뜩 찌푸렸습니다. 아차! 하찮은 일로 그만 걱정을 끼쳐드렸나 봅니다.

─허어! 이 딱한 사람.

먹먹히 선 채 말씀이 없었습니다.

성냥불로 드린 인사

 하숙집에서 아침신문을 뒤적이는데, 미당 선생님께서 청주에 내려와 문학 강연을 한다는 기사가 보였습니다.
 땡, 퇴근하자마자 부리나케 보은 터미널로 뛰었습니다. 버스에 채찍질해 청주 강연장으로 달려갔습니다. 도착하니 이미 선생님은 머나먼 저 앞에서 두 손으로 교탁을 잡고 말씀 중이었습니다. 좌석은 다 찼고 좌우 벽 쪽이나 뒤까지 청중이 빽빽했습니다.
 염치 팽개치고 한 쪽 벽과 사람 사이를 비집고 나아가 끝내 제일 앞 우측 벽에 붙어 설 수 있었습니다. 얼마만인가. 선생님이 조만큼, 이제는 바로 조 앞에 계셨습니다.
 몇 백 년쨋지 느릿느릿 걸어가는 거북이 말투는 변함없는데, 선생님께서 하시는 말씀은 한 마디도 들리지 않았습니다. 어떻게 하면 인사를 드릴까 속만 타는 중이었습니다.
 ㅡ여보게, 여기 재떨이 좀 갖다 주게.
 주최 측 신문사 직원에게 재떨이를 청했습니다. 대학 강의 도중에도 선생님은 담배를 피우셨는데 여전했습니다. 재떨이가 오자 선생님은 담배를 입에 물었고, 직원은 플라스틱 라이터를 켰습니다.

  제 두 발이 저절로 움직였습니다. 그리고는 그 불을 훅 끄며 주머니 속 성냥을 꺼내는데, 직원이 다시 라이터를 켰습니다. 선생님은 담뱃불을 붙이려 고개를 숙이고요. 저는 다시 그 불을 끄고 양손으로 성냥불을 받들었습니다. 선생님은 담뱃불을 붙이며, 쳐다보지도 않고 물었습니다.

  ―어느 학교 학생인가?

  ―선생님, 저 왔어요.

  마침내 저를 보고 눈이 휘둥그레진 선생님이 외쳤습니다.

  ―아니! 이게 누군가.

  선생님은 제 어깨 한 쪽을 터억 잡으셨고, 저는 비로소 말없이 깊게 머리를 숙였습니다.

  ―여러분, 제 제잡니다.

  폭소가 터진 객석에서 '그 스승에 그 제자'라는 소리가 들렸습니다.

가출

가끔은 가출하는 학생도 있어
사당역 근처에서 학부모를 만났지요.
일 마치고 오다 그만 넘어졌습니다.

내 넋은 내게 묶인 놈이 아니라서
누가 부르면 따라가고
무엇엔가 홀려 빠져나가고
나 모르게 늘 제 맘대로 들락거려.

넋이 잠깐 나간 사이 돌부리에 걸린 건가?
왜 나간 건지.
어디로 갔던 건지.
엎어진 채 궁리해도 영문을 알 수 없어
흙 묻은 손 그대로 찾아간 봉산산방蓬蒜山房*.

—허어, 사람 미련하기는.
요즘 자네가 좀 궁금했었네.

잘 왔네, 같이 저녁 한 술 하세.

* 봉산산방蓬蒜山房 - 미당 선생 택호宅號.

알알이 진주가 되는

얼마나 시를 쓰면
입을 떠난 말이 다 진주*가 되나?
—두보杜甫의 조카 얘기인가?

휘어져 돌아가고 끊기는 듯 이어지는
선생님 말씀을 가만가만 따라가면
받아쓰기만 해도 다 시가 될 것 같아.
—하하, 그러한가?

물비단 무늬 같은,
끊임없이 달아나는
잡을 수 없는 다프네의 머릿결 같은,
귀신이나 짜내는
가늘게 빛나는 거미실 비단 같은
사부의 말씀에는 무늬가 있어.

—이놈 제법 귀가 밝구나.
지금도 선덕여왕 말씀을 듣는

선생님한테는 어림도 없지.

−오오래 시를 쓰다보면 자네도 저절로 그리 될 게야.

---

* 두보가 과거에 낙방한 조카 두근을 전송하며 쓴 시 「취가행醉歌行」에 타성주唾成珠라는 말이 보인다.

걱정

−그래, 요즘도 시는 부지런히 쓰고 있지?
머 그럭저럭.

−허, 이놈. 유행이라는 것이 또 시에도 있네.
천둥이며 번개가 아무리 요란해도
바람이 세상을 온통 쓸 듯해도
……소나기는 종일 내리지 않느니.

이런저런 시류時流에 휩쓸리지 말거라.
그런 시 허겁지겁 흉내 내다간
연燕나라 촌놈처럼 제 걸음걸이도 잃을라.

눈멀고 귀먹고 생각도 모자라는
이놈은 어리석어 세상에 미련해서
유행을 좇지도 못할 놈이라는 걸
사부가 어찌 그걸 모르셨을까.
이미 알고 있으면서 내 걱정을 하신 게다.

봉산산방 까치 시론

─우계도 요로초롬 맛있는 거 먹어봤나?

늦가을 하늘 감을 쪼던 까치도
깔깔깔깔 알아보고 말을 거는 뜰을 지나

방에 들어서면
……제 재조 으스대며 까불기보담은
미련한 소같이……웅크리고 앉아
여섯 번 일곱 번 반추하는
어리석고 또 끈질긴 〈소의 행〉을 하……
자네는 부디 까불지 말게.

대문을 나설 때 주인 닮은 까치가
잊었다며 깔깔깔깔 한 마디 보탠다.

─달리는 개처럼 건성나발로 쓰지 말고.

탈고? 이미 발표한 시마저도
– 사부는 퇴고라 하지 않고 늘 추고라 하셨지.

알싸한 배추뿌리 한 접시 놓고
사부와 맥주를 대작하다가

시인은 흔하고
시는 사태 나는데
볼 만한 시가 드물다 해요.

−다 소용없다.
자네는 그저 새 시도 쓰지마는
써둔 시는 꺼내 고치고 또 고치거라.
하다못해 이미 발표한 시도.

−누가 뭐라 하지 않아도
내 안에서 내가 못마땅해 하니
이마−ㄴ하면 되겠거니 하지 말거라.

펜을 놓으려 하면
몸소 고치고 또 고친
사부의 말씀이 지금도 들리는데
어느 날에 시 한 편 탈고할 수 있을까.

약속

생일이면
아들을 낳았다고 미역국을 드셨을
어머니 산소 찾아 벌을 청하고

갈 데 없는 어버이날
봉산산방 후박나무 그늘을 열면
-그래, 어서 오너라.
왜 자네가 오늘 왔는지 내 모르지 않네.

-발표는 꾸준히 하고 있지?
혹시 원고청탁 없다고 여기저기 기웃거리지는 말게.
상전벽해 된다 해도 옥은 돌이 될 수 없으니.

-듣는 이 없다고 새가 울지 않던가?
보는 이 없다고 꽃이 피지 않던가?
예!

후박나무 베어지고 강산 또 바뀌어도
적막한 약속은 아직 남아서
산새는 홀로 제 이름을 부르고
들꽃은 홀로라도 세수하고 머리 빗네.

봉산산방 문 앞에서

―그래, 어서 오너라. 내 한번 안아주마.
작은 키의 스승이 나를 안아주는 겐지, 스승이 내게 안기는 겐지.
―이게 서양식 인사란다. 웬일이냐.
선생님 냄새가 궁금해서.
―아아, 하하하하.
하회탈처럼 웃으시던 노사부 미당未堂.
―그래 이놈. 나한테서 그래 늙은이냄새가 나느냐? 자네 말투는 꼬옥 미국 있는 막내 같아. 나중에 우리 윤潤이가 돌아오면 자네랑 서로 좋은 벗이 될 게야.

적막한 봉산산방 닫힌 대문 앞
주인 잃은 소나무 그림자 외롭다.

시가 처음 나를 노크할 때

지금은 북촌 헌법재판소
미끈한 백송白松의 딸들이
들랑이던 창덕여고

담장 밖이 퍽이나 궁금했던지
붉은 벽돌담 위로
얼굴을 내민 송이송이 장미

넝쿨장미 앞을 지나가는데
나를 보고 깔깔깔깔 찧고 까불러
멈추어 돌아보니 송이송이 딴청.

다시 가다 돌아봐도 시치미 뚝 뗀 채
시는 그렇게 내게로 왔다.

책보

우리는 너나없이 우산이 없었고
가방은 구경한 적도 없었다.

도토리 솔공 만한 빗방울에
제비 까치도 날지 않는 빗속
가슴으로 안고 웅크리면
등으로 비 맞으면 덜 젖을까

학교에서 집까지
온몸을 숙인 채 내달리던 십 리 황톳길.

먼 고개를 넘기 전
우당퉁탕 성난 도랑을 건널 때는
행여 빠뜨릴까
두 손으로 높다랗게 받들던 책보.

꼭꼭 묶은 광목 한 마 보자기에는
옥가락지 은팔찌 금두꺼비보다 귀한
국어 산수 사회 자연 학습장 몇 권.

잿빛 바람이 온몸을 훑고
우산을 두드리는 검은 빗방울
빌딩에 끼어 걷는 우산 속인데도
앙가슴엔 버릇처럼 책이 안긴다.

무심천無心川 갈밭에서

아득한 구름 위에 집을 두고
지상에 잠시 머문 새는
모래톱 가
가난한 식탁을 물끄러미 내려다보고

드리운 낚시 잊어버린 채
갈대숲 사이 팔 베고 누워
바람의 소요음逍遙吟을 듣다 눈 뜨니

또박또박 해서로
행서 초서로
붓을 든 갈대가 나를 대신해
흰 구름에 시를 쓰네. 편지를 쓰네.

그대에게 구름 가
비로 내리면
그 빗방울 읽겠네. 헤아리겠네.

소리쟁이 뜯다가 월명사月明師를 생각하다

가슴마다 한시름 무더기 한숨
밤마다 소쩍새 신음소리 높은데

때를 잊고 솟은 해를 노래로 쫓은 이여
피리로 가던 달을 세우던 이여

천지를 움직일 시 어디에서 만날까.
무쇠도 녹일* 노래 누구에게 들을까.

율려律呂를 깨치고
득음得音했다는
소리소리 소리꾼 어지러운 소리 속

귀먹은 소리쟁이, 소리 잃은 시인이여.
산자락 수풀 사이 소리쟁이여.

* 삭금鑠金 – 左丘明, 『國語, 周語(下), 單穆公諫景王鑄大鐘』, 衆口鑠金

부엉이

뜰에 핀 분꽃같이 잠을 자지 않으면
지붕에 박꽃같이 안 자고 울면
할머니는 나를 부엉이라 부르다

엿도 떡도 단술도 아닌
이백 두보 시로
내 가슴을 다독였지.

어디쯤 지나는지
때를 알 수 없는 밤
어둠 너머 천 년을
보는 부엉이

벗이 없어 달이랑 그림자와 짝했으나
홀로 술 마시는 이적선李謫仙을 보았는가.
태풍 맞은 완화초당浣花草堂 비가 새는 방
조각배 속에서 굶는 두보 보았는지

할머니만 부르던
내 어릴 적 이름으로
부엉이 잠 못 자고 나직하게 신음하네.

쥐뿔? 개뿔이나

창힐蒼頡이 처음 문자를 지으니
하늘은 곡식을 비처럼 내리고,
아이고 아이고
귀신은 땅을 치며 곡했다* 했네.

천지를 움직이고
귀신을 감동시키는 데 시만한 게 없다*하니
시로 천지를 흔들어 보겠다고
귀신을 울려 보겠다고
날리는 전단처럼 시가 쏟아지네.
쌓여 녹는 눈처럼 밟혀 질척거리네.

저잣거리 홍우계는 어리석은 이
가슴 앓는 벙어리들 눈물 닦아 줄
무너지는 어깨들 쓰다듬어 줄
시 한 편은커녕 쥐뿔도 없는
저잣거리 홍우계는 어리석은 이.

속우粟雨가 내리지 않는다 해도
걱정 없던 까막눈 아버지처럼
그저 논밭을 기어다니며
흙이나 파먹고 살았어야 했네.
땅이나 지키며 살았어야 했네.

* 유안劉安, 회남자淮南子 권8 본경훈本經訓.
* 모형毛亨, 「모시毛詩」 서序.

종자기 무덤을 바라보는 백아처럼
– 다시 도연명

귀를 기울여도 들리는 소리 없고
늘 닫힌 사립문에 종일 내리는 눈.[1]

세상은 끼리끼리 어울린대도
타고난 분수가 저마다 다르니[2]
벗이 없다 세상을 원망하지 않은 그대[3]

몸소 심고 거둔 수수 찧어 담근 술[4]
외로운 그림자에 잔을 권하다[5]
줄 없는 거문고 쓰다듬는 선생이여[6]
소리 비록 없다 하나 듣는 이 없을까.

---

1) 계묘세12월중작여종제경원.
2) 음주 9.
3) 영빈사 1.
4) 화곽주부.
5) 잡시 2.
6) 소통 『도연명전』

둥지 찾아 돌아가는 새 떼를 보고
말하려 했다가 할 말 잊은 이여[7]

어찌하면 말을 잊은 사람을 얻어
더불어 이야기 할 수 있을까.[8]

서풍에 노을 지는 바다 저 건너
종자기 무덤 보는 백아가 어리네.

---

7) 음주 5
8) 『장자 외물』(吾安得夫忘言之人而與之言哉)

시, 그 말을 풀어주며

청실홍실 오색 수실 고르고 골라
한 땀 한 땀 온百 밤
비단에 수놓았으면

쪼고 갈고 닦은 서 말 옥구슬
금실로 은실로 즈믄千 밤 꿰었으면
매듭을 지었으면 실 바늘 놓아야지.

천지는 이미 보아서 알고
천지 사이 신명은 전해서 들어 알 터.

낚시꾼은 잡은 고기
풀어주는데

어쩔 건가
벌써 비루먹은 말
우계여, 홍우계여, 고삐를 놓자.

대청호반 산 아래

올봄도 이제는 파장罷場이라고
흥청망청 날리더니 시드는 벚꽃잎,
꽃잎같이 부질없는 시詩 잊은 지 이미 오래
약초 캐서 술사고 낚시해서 안주하고
취해 누워 고래고래 노래하다 잠드는
한낮에 하품하며 일어나는 이 맛을
『맹자』팔아 배불리 밥 먹은 이* 알았을까?

* 이덕무李德懋.

작품해설

자유에 노니는 큰 그림을 그리는 노래

이상호 (시인, 한양대 명예교수)

자유에 노니는 큰 그림을 그리는 노래
– 홍우계의 시세계

이상호 (시인, 한양대 명예교수)

1. 첫 마음을 되새기는 마음

홍우계 시인이 여섯 번째 시집 『나의 봄 우리 여름』을 엮으면서 초심을 되돌아보았다. 시력詩歷 40년 세월에 이르러 시인은 만감이 교차하는 듯 서문의 실마리를 이렇게 풀어나갔다. "얼마나 재주 없고 미련했으면/ 사부 미당 선생께선 나를 굼벵이라 하셨을까./ 어느 날/ 드디어 굼벵이가 매미가 되었다며/ 여름 한 철 한세상 울다 가라 하신 지 40년,/ 결코 게으르지 않았으나/ 이제 여섯 번째 시집을 상자한다."라고. 자신의 성정에 대해 일찍이 스승 미당이 내린 진단을 수긍하면서도 선뜻 동의하기 싫은 시인의 불편한 마음이 고스란히 드러난다. 스스로는 '결코' 게으르지는 않았다고 생각하는데 '이제'야 여섯 번째 시집을 펴내는 형편이니 게으른 시인이라 인정할 수밖에 없다는 말투이다. 그래서 그는 스스로 부끄러움을 느끼는 한편 "빛나는 이름의 별이 된 시인들"을 부럽다고 하면서도 시인으로서 나름대로 줏대를 지키며 걸어온 자존의 길을 그대로 이어가겠다는 방향으로 이번 시집을 엮는 마음을 정리했다.

시인으로 살아온 세월만도 어느덧 불혹의 나이에 이르렀다며 그가 깊은 회한에 젖어 '드디어 굼벵이가 매미가 되었다며/ 여름 한 철 한세상 울다 가라 하신' 스승의 말씀을 되새기는 건 새삼스러우면서도 당연한 일이기도 하다. 땅속에서 긴 시간 동안 꿈틀거리던 굼벵이가 날개를 달고 비상하는 매미로 탈바꿈하던 순간이 시인 지망의 큰 꿈이 드디어 실현되어 벅찬 기쁨을 맛본 때라면, 여름 한 철 한세상 울다 가라는 당부는 한 자연인이 시인으로 거듭난 뒤에 이뤄 가야 할 새로운 사명을 일러준 것임을 생각해 보면 그의 복잡한 심중을 헤아릴 만하다. 더 구체적으로 말하면 그는 지금 다시 거듭나고 새로 출발하고 싶은, 어떻게든 변화해야 한다는 절박한 순간에 서 있음을 성찰하고 있다. 그리하여 그는 스스로 부끄러워하고 남을 부러워하는 불만스러운 자아를 깨끗이 지우고 싶은 것이다.

 이런 내 짐작을 더 실감 나게 정리하자면 이렇다. 그는 시인으로 태어나던 그때의 가슴 설렘을 새 출발의 동력으로 삼겠다는 것이다. 이는 게을렀다는 자책에서 벗어나려는 의욕이자 자구책이라 할 수 있다. 둘째, 스승의 말씀 '울다 가라'는 명령 아닌 명령에 갈무리된 의미를 되새기는 일이다. '울다'에 '기쁘거나 슬프거나 아파서 내는 소리'의 복합적인 의미가 내포되어 있고, 또 울음소리는 노래와 겹쳐지기도 함을 고려하면 그가 등단 덕담으로 일러 주신 스승의 말씀을 되새기는 까닭은 시인으로서 '여름 한 철 한세상'을 위해 얼마나 이웃과 함께 웃고 울었으며[共鳴], 또 함께 즐기고 노래할 만한 작품을 창출했는지 스스로 되돌아보는 뜻이 있다. 말하자면 스승이 주신 숙제를 과연 얼마나 풀어왔는지 되묻고 있는

셈이다.[1]

  사실 시인으로 사는 삶이나 시혼詩魂은 전체가 성찰로 가득 채워졌다고 해도 지나치지 않다. 시인에게 세상이란 자아를 비추는 거울이자, 새 빛을 비추어 낡고 어두운 것을 밝혀야 할 대상이기도 하다. 시시때때로 변하는 세상에 따라 일일이 일희일비할 수는 없겠으나 남들과 더불어 울고 웃으며 공존하기를 바라는 꿈만은 저버릴 수 없는, 절실한 숙제이다. 그리하여 시인들은 대체로 공동체가 꿈꾸는 이상향에 도달할 길을 치열하게 닦아야 한다는 사명감을 늘 일깨우며 시를 짓기 마련이다. 의식적이든 무의식적이든 시인이라면 모름지기 독자에게 시로서 감성을 부드럽게 자극하고 따뜻한 마음을 간직하게 하는 불쏘시개가 되려고 한다.

  홍우계 시인이 지금 굳이 초심을 되돌아보는 까닭도 바로 그런 시인의 사명과 꿈을 얼마나 세상에 펼쳐왔는지 반문하고 확인해 보려는 것이

---

[1] 이렇게 접근하면 이번 시집 제목을 '나의 봄 우리 여름'으로 지은 까닭을 짐작할 수 있다. 즉 '나의 봄'이 새로 태어나는 개인적 출발점(싹)이라면, '우리 여름'은 함께 이루어야 할 무성한 공동체라는 귀결점(숲)의 의미를 띤다. 시인으로서 불혹의 시점에 이른 지금 그는 특히 후자로 마음이 깊이 스며들고 있다.

다. 달리 말하면 그는 시인으로 살아온 삶에 대해 중간 점검을 한 결과, 썩 마음에 들지 않는다는 판단에 이르렀다고 하겠다. 물론 이렇게 불만스러운 결론에 이르렀다는 자기 성찰의 참뜻은 겸손의 미덕일 수 있고, 늘 새로운 출발을 꾀해야 하는 예술적 책략이자, 세상이든 자아든 소망대로 궁극의 경지에 이르기는 거의 불가능하다는 자연의 섭리를 일깨우며, 더 치열한 시인으로 거듭나려는 결심을 공적으로 밝혀 자신을 압박하는 일일 수도 있다. 그렇다면 거듭남의 간절한 꿈을 통해 이번 시집에서 시인이 실현한 새로운 시적 세계의 빛깔은 어떤 것일까? 그가 새로운 봄의 마음으로 꿈꾸고 닦은 '우리 여름'으로 가는 길을 함께 따라가 본다.

2. 자유自由를 자유自游하는 길

이번 시집은 전체 4부로 이루어져 있는데, 시인이 절실히 추구하는 의미로 가름하면 크게 두 가지로 구분해도 좋을 만하다. 하나는 무위자연의 길을 따르려는 허심과 드맑은 마음을 표현한 유형이고, 다른 하나는 인위의 폐해에 관련된 어두운 사회를 성찰하고 비판하는 마음을 표출한 것이다. 시집에서 무위자연의 길로 통하는 시편들을 앞에 내세웠듯이 이즈음 시인은 이 길을 소중히 여기고 다룬다. 이것은 그가 어두운 사회에서 벗어나는 출구이자, 그가 추구하는 아름다운 세계에 이르는 궁극의 길이다. 그러니까 세상과 존재에 대한 성찰과 사유의 흐름으로 본다면 어두운 사회의식을 드러내는 시편들로부터 밝은 무위자연에 대한 꿈에 이르는 순서로 이루어지겠지만, 시인은 앞뒤를 뒤집어 구차한 세속에 얽매이는 삶보다는 걸림 없는 무한 자유의 세계에 드는 길을 강조한다. 이 시집의 얼굴격인 첫 작품으로 다음 시를 내세운 편집 체계만 보아도 그가 꿈꾸는 마음의 지도를 읽을 수 있다.

> 나비가 허청허청
> 가는 저 산엔
>
> 제 이름도 모르는
> 꽃이 꽃이 피었겠네.
>
> 세상 잊은 벌 나비 새

동무하다가

찬 서리 내리면
향내 거두고

시름없이 지겠네.
산에 산에 피겠네.
　　　　-「제 이름도 모르는 채」 전문

　굳이 시적 사유의 흐름을 더듬자면 멀리 김소월의「산유화」향이 얼핏 나는 듯한 이 시는 시인[2]의 마음에 담긴 무위자연의 한 경지가 펼쳐져 있다. 이를테면 표현 대상의 공간 배경을 '저 산'으로 설정하여 자연과 시인 사이에 거리감이 생기게 한 점, 꽃이 피고 지는 과정을 표현한 점[3], 그리고 꽃과 '세상 잊은 벌 나비 새'를 공존하게 한 대목 등에서 그런 '향내'가 난다. 물론 이 공유점은「산유화」를 흉내 내거나 패러디했다는 뜻이 아니고, 시인이 지향하는 세계가 일면 겹쳐질 만한 지점이 있다는 것이다. 달리 말하면 자연의

---

2) 시적 화자, 서정적 자아와 겹침. 이하 같음.
3) 소월 시에는 피고 지는 상황만 그려져 있으나, 이 시에는 마지막 연에서 '～지겠네' 다음 행에 곧바로 '～피겠네'라 하고 맺어 순환의 의미가 직접 드러나고 긍정성이 강조되어 있다.

섭리를 통해 인간의 지향 세계를 내다보는 시적 정의가 일맥상통함을 뜻한다.

  이제 이 시가 지닌 특성을 몇 가지 구체적으로 꼽으면 이렇다. 첫째, 산과 일정한 거리를 지니게 하여 시인이 산(자연)의 범주 밖에서 경험칙에 기대어 마음속으로 산의 정경을 상상하는 과정을 그렸다. 둘째, 자연(무위, 조화, 공존)과 인간(인위, 분별, 갈등)의 세계를 대비하였다. 셋째, 계절의 변화에 순응하고 순환하는 자연의 이치를 표현하였다. 이런 시적 장치를 통해 시인은 긍정적인 자연과 부정적인 인간을 차별화하고 자연에 동화하고 싶은 꿈이 벙글도록 했다. 이 시에서 시인이 특히 강조하는 대목들 즉, '제 이름도 모르는 꽃' '세상 잊은 벌 나비 새 동무하다가' '시름없이 지겠네' 등을 통해 인간계와 사뭇 다른 자연의 경지와 시인의 선망의식이 드러난다. 말하자면 인간은 사회적 동물로서 수월한 생활을 위해 개별 존재를 의식하고 분별하여 각각 이름을 붙이고, 개인주의와 이기심이 발동하여 인간들끼리 서로 갈등하기 쉬우며, 지기 싫어 시름에 젖기 마련이지만, 자연물은 다만 주어진 섭리 그대로 순응하고 존재할 뿐이다. 그러니까 이 시에 표현된 '저 산' 속의 풍경에 대한 시인의 인식은 인간들이 도달하기 어려워서 더 간절하게 닮거나 지향하고 싶은 이상향이다.

이러한 시인의 꿈은, 꽃이 핀 과정은 연을 바꾸어가면서 시간과 호흡을 늘려 지연시키다가 마지막 연에서 꽃이 지고 다시 피는 과정은 행만 바꾸어 빠른 전환을 꾀한 대목에서 결정적으로 드러난다. 꽃이 '시름없이' 진다고 표현한 시인의 마음에는 피고 지고 다시 피는 재생의 순환과정을 끝없이 반복하는 꽃 같은 존재에 대한 일말의 부러운 정서가 들어 있는데, 이는 거꾸로 재생의 순환과정에서 소외된 채 한정된 목숨으로 한번 살다가는 인간의 외로움과 슬픔을 강하게 의식하는 것이라 할 수 있다. 인간의 꿈 가운데 영생보다 더 크고 절대적인 차원이 없음을 상기하면 '시름없이' 지는 꽃의 생태를 강조한 이 시의 결구는 많은 의미가 중첩되어 있다. 자연과 인간, 순환과 단절, 영원과 순간, 초월과 집착, 선망과 단념, 희망과 절망, 포용과 배제, 수용과 거부 등등. 그리하여 여기에는 인간의 관점에서 보면 아이러니와 역설까지 중첩돼 있어 읊는 이에게 처지와 생각에 따라서는 기쁨이나 시름에 들게도 한다.

　이 시에서 시인에게 가장 복잡다단한 사유를 불러일으키는 시의 고갱이이자 핵심어인 '시름없이'는 그런 길을 찾아가는 길을 열어주는 기능을 한다. 즉 시름없이 사는 인간의 경지란 과연 무엇이고 그 길로 어떻게 걸어가야 하는지 이리저리 모색하게 만든다. 시인은 그것을 다음처럼 적나라하게 펼쳐낸다. 이를테면 "구석진 산중에 없는 듯 들어앉은/ 이웃도 어쩌다 마주치는 산마을// 오늘도 종일 소리 없는 전화처럼/ 나 또한 세상 따윈 궁금치 않다."라고, 짐짓 여유로운 마음을 가지고 세상에서 외따로 떨어지는 상황을 오히려 즐기려는 것, "내 오두막"을 "우주 한 채"(「한 채 우주 동창을」)로 여기고 반딧불이·풀벌레·댓잎과 그믐달과 벗하는 것,[4] "산당山堂은/ 펑퍼짐한 상석 하나뿐// 동서남북 하늘로/ 통해야 한다."(「산의 집」)라고 막힘없는 우주적 상상력을 펼치는 것, "노을이 그득한 골짝에 내 오두막"에서 "달을 불러 겸상하고/ 마주한 저녁/어찌 누추할까. 술이 어찌 없을까."(〈달을 불러 겸상하고〉) 하며 자족과 도취의 삶을 누리는

---
4) 천지인이 어우러지는 이미지.

것 등등에 그가 지향하는 낙원 인식과 삶의 행태가 잘 드러난다.

  그런데 위에 일부 열거한 시인이 꿈꾸는 세계는 넓게 노장老莊 사유로 포괄될 수 있다. 그렇다면 그는 첨단 문명으로 번쩍거리는 현대사회의 한복판에서 왜 이런 일종의 원시주의 같은 무위자연의 길을 염원할까? 그의 사유의 뿌리를 더듬어가면 그 답이 보일 수 있다. 즉 사회에서 멀리 떨어진 산속 오두막에 혼자 살면서도 안분 자족하는 표현들은 뒤집으면 세속의 번거로운 삶에 관한 역겨움과 싫증이 시인의 마음을 강력하게 움직이고 있음을 뜻한다. 특히 고도의 산업화와 도시화의 여파로 좀 더 편한 삶을 영위하기 위해 청운의 꿈을 안고 너도나도 꾸역꾸역 도시로 모여드는 탈시골 현상이 점점 커지니 경쟁도 갈수록 극심해져 서로 마음에도 없는 짓을 일삼으며 온갖 갈등과 시련에 시달리는 오늘날의 답답한 현실을 떠올리면 시인이 왜 노장 사유와 귀거래의 향기에 마음이 끌리고 '다시 삼국유사'의 책장을 넘기는지 이해할 수 있다. 그 실체는 장자의 훈향薰香에 젖어 지은 다음 시에서 고스란히 드러난다.

바다낚시 갔었지.
시퍼런 바다는 낚지 못하고

입동이 지난 밤
홀로 복수(濮水)[5]에 낚시 드리우니

서리치는 강물 속엔
은비늘 달빛,

강물에 잠긴
달을 낚는다.
― 「낚시를 드리우고」 전문

  이 시는 겉으로는 시인이 '바다낚시'를 가서 겪은 풍경과 감상을 표현한 듯하지만, 심층에는 실제의 행위가 아닌 마음이 지향하는 길을 그린다. 표현된 대로 시상을 따라가면 모순과 아이러니, 시치미 떼기와 비약, 함축과 모호성 등의 시법이 얽혀 작의의 실체에 이르기가 쉽지 않다. 이를테면 바다낚시를 갔다고 해놓고 물고기가 아닌 '시퍼런 바다는 낚지 못하고'라고 표현하여 일상적 인식을 넘어섰다. 이 표현에는 두 가지 의미가

---

5) 장자가 낚시하던 강(『장자』, 「외편」, 추수)―원주原註.

깔린 것으로 볼 수 있다. 하나는 '바다낚시'라는 말에 대한 아이러니 반응이다. 즉 일상에서 우리는 이것을 환유換喩로 받아들여 당연히 물고기를 낚으러 바다에 가는 것으로 알아듣는다. 시인은 이러한 일상적 환유에 시비를 걸고 언어유희라는 시적 책략을 통해 읊는 재미를 강화했다. 또 하나는 '시퍼런 바다'의 상징적 의미에 대한 것이다. 이것은 속세를 이른바 '번뇌의 바다'로 보는 불교적 인식을 연상케 하는데 그것을 낚지 못했다고 했으니, 세상을 맑히고 중생을 구원하는 제도濟度가 불가능함을 암시한다.

시인은 이러한 한계 인식을 초월하기 위해 시간과 공간을 비약적으로 바꾸어 버렸다. 즉 바다낚시에서 연을 나누어 갑자기 '입동이 지난 밤 홀로 복수'에서 낚시하는 정황을 제시했다. 시인이 『장자』에 나오는 '복수'라는 강을 이끌어왔으므로 이 장면 역시 실제 낚시 행위가 아닌 독서 경험에 기댄 상상이자, 자신이 추구하는 삶과 사유의 실체를 반영한 것이다. 이 점을 알기 위해 우리는 낚시에 얽힌 두 가지 상반된 장면을 기억할 필요가 있다. 즉 강태공이 위수渭水에서 낚싯대를 드리운 채 세월을 낚았다는 장면과 그 700년

뒤에 장자가 복수에서 낚시한 장면이 바로 그것이다. 강태공은 겉으로는 세월을 낚는 듯 유유자적한 척했으나 기실은 자기가 낚이기를 기다렸다는 것이다. 말하자면 정치 참여와 벼슬에 대한 꿈을 품고 있었다는 것이다. 이에 대비되는 장자는, 초나라 왕이 보낸 두 사람의 대부로부터 "우리나라의 모든 일을 선생에게 맡기고자 원합니다."라는 전갈을 받았으나 돌아보지도 않고 '진흙 속에서 자유로이 놀 작정'이라 하고는 사자使者를 돌려보냈다고 한다. 그러니까 정치에 참여할 뜻이 전혀 없다는 뜻을 강하게 나타냈다. 이 두 내용을 견주어 보면 '강물에 잠긴 달을 낚는다'라는 표현의 속뜻이 뚜렷해진다. 즉 시인의 마음이 바로 장자의 뜻과 삶의 길을 따른다는 점을 알 수 있다. 물론 이 표현은 모순이고 아이러니이며 무의미nonsense한 놀이를 나타낼 따름이니 달을 낚는 일은 다만 자연을 즐기는 무위의 극치라 할 수 있다.

무위자연에 기울어지는 시인의 마음이 탈현대적이고 반문명적이듯이, 그는 시간과 공간적으로 옆이나 앞의 세계보다는 뒤로 거슬러 오르면서 넓히는 방향으로 시적 사유를 펼쳐낸다. 이를

테면 "무엇 하나 빠져나갈 수 없다는/ 천망(天網)[6] 같은 인터넷"이라는 표현을 통해 첨단 문명의 현대사회에서 노자의 사유를 받들어 "그물 넘은 바람같이/ 흐르는 물같이// 허공에 띄운/ 한 척 초승달/ 이 저녁 누가 타고 소요하시나"(「그물 넘은 바람같이」)라고, 걸림 없는[無碍] 자연에서 노니는 일에 관심을 두거나, "복사꽃 피면/ 이승에 두고 간 도화녀桃花女가 사무치면/저승도 넘나들어 오고 갔는데// 하물며 한 이승에/ 벗이 오는지/구름이 동으로 앞선 듯 넘어와/ 달을 서편으로 마중 보내네."(「경계? 다시 삼국유사를 넘기다가」)라 하며 『삼국유사』 속에서 이승과 저승을 넘나드는 이야기를 통해 현재와 과거와 자아와 자연을 넘나들며 경계와 분별을 지워 버리는 상상력에 들기도 한다. 그런가 하면 "이 근처 골짝에는 절이 없는데/ 어디서 들리는지, 저녁 종소리"를 듣고 "저녁 이슬 송송 맺힌 울타리 아래/ 귀원전歸園田한 오류선생五柳先生[7] 국화 따시나/ 그 향내 바람에 실려서 오네."(「서풍에 실려 오

---

6) 『노자』 73장. 天網恢恢 疏而不失(하늘의 그물은 몹시 넓고 성글지만 무엇 하나 빠져나가지 못한다.)−원주.

7) 동진 말과 남조 송나라 때 시인 도연명陶淵明−원주.

는」)라고, 그 옛날 도연명의 '귀거래사'를 환기하며 '귀거래'의 의미를 곱씹기도 한다.

이렇듯 시간을 거슬러 오르는 가역반응을 즐겨 다루는 시인의 인식은 근본적으로 미적 현대성 modernity과 밀접한 관련이 있다. 즉 그는 과학적 시간은 미래로 흘러갈수록 문명의 발달을 낳지만, 정신적 차원의 시간은 인간들에게 갈수록 더 불안하고 불편한 방향으로 흐른다는 관점을 믿는다. 그래서 그는 꿈의 세계를 지향하는 과정에서 주로 미래보다는 과거를 넘나들며 온고지신溫故知新의 시정詩情을 즐겨 펼친다. 그러니까 시간 관념에서 그의 이상향은 미래의 어느 시점이 아니라 먼 과거에 있다.[8] 이게 바로 그가 노장의 사유나 삼국유사 속의 시간에 즐겨 노니는 까닭이라 할 것이다. 이러한 시인의 과거지향적 시간관은 현실적 공간 관념에서는 도시에서 먼 자연을 선호하는 상상력으로 대체된다. 그리하여 그는 시심의 우주를 시골이나 자연 정경情景에 대한 감성으로 채워서 번거로운 세상에서 흩날리는 붉

---

8) 종교적 상상력으로 보면, 지상 최대의 낙원은 이브가 실수를 저지르기 전의 '에덴동산' 이후 한 번도 실현된 적이 없다. 이 과정으로 유추하면 앞으로도 실현 가능성은 전혀 없을 것이다.

은 먼지[紅塵]가 스며들 공간을 없애려고 애를 쓴다.

> 한나절 가도 가도 강에는 온통 연잎
> 강심을 따라서 배들은 오가고
>
> 봉오리 봉오리 꽃을 받든 연잎이
> 한쪽으로 조붓한 물길을 열면
>
> 언덕에는 개가 짖는 오두막 한 채
> 외로운 굴뚝에는 몽개몽개 흰 연기
>
> 흘러가는 강물에 노을은 천 리
> 돌아오는 어부 배엔 노을이 만 석.
> ―「수향水鄕을 지나며」 전문

이 시에서 긍정의 빛이 환하게 비치듯이 한적한 시골에 대한 정서는 마음을 여유롭고 푸근하게 물들인다. 연꽃이 핀 강이 끝없이 이어지고, 꽃을 받든 연잎이 조붓한 물길을 열어주는가 하면 사람 냄새가 나는 것이라고는 '오두막' 한 채와 '어부 배'뿐이다. 그리고 부정적인 감정을 나타내는 유일한 시어인 '외로운'도 사람이 아니라 '굴뚝'을 꾸민다. 왜 그러냐 하면 표면에 등장하는 어부와 보이지는 않으나 오두막에서 굴뚝 연기로 연상할 수 있는 저녁을 준비하는 사람 등 복수의 가족이 함께 사는 것으로 설정되어 있기 때문일 것이다. 이 시의 백미 역시 결구에 있다. 흘러가는 강물-돌아오는 어부 배, 노을은 천 리-노을이 만 석으로 대구對句를 이루는 마지막 연의 구성과 표현은 시인의 작시 솜씨와 재치의 높이를 여실히 보여준다. 또 집으로 돌아오는 어부의 배에 물고기 대신 하늘 천 리를 물들인 노을을 만 석으로 채우는 이 시상에는 강물 따라 끝없이 흐르는 그의 마음에는 부질없고 덧없고 번거로운 속세를 벗어난 여유와 자유의 정서가 억수로 스며들고 있다. '연못[蓮池]'은 있으나 '연강蓮江'이라는 말은 없는데 '한나절 가도 가도 강에는 온통 연잎'이라는 상상의 강을 표현한 대목이 암시하듯이 시인은 그곳이 바로 극락임을 나타내려 한 듯하다.

이 시를 통해 또 하나 우리가 새겨야 할 핵심은 시인이 지향하는 무위자연의 사유에 인적人跡을 지우지 않은 점이다. 즉 그는 인간의 그림자마저 배제된 절대 자연 공간을 노래하지 않고 인간과 자연이 조화롭게 공존하는 길에 초점을 맞춘다.

마치 장자가 벼슬을 주겠다는 왕의 제안을 단숨에 거절하고 죽은 거북이보다 산 거북이가 되기를 바란다며 거북이처럼 '진흙(현실, 이승-필자 주)에서 꼬리를 끌며 자유로이 놀 작정'이라 일갈했듯이, 또는 '개똥밭에 굴러도 이승이 좋다'는 우리 속담처럼 시인은 비록 마음에 안 드는 속세를 미워하고 꼬집을지언정 진공관 같은 절대의 세계로 일탈하거나 초월하는 길을 추구하지는 않는다. 말하자면 그는 죽음으로써 혐오스러운 세계로부터 단절되는, 부정적인 자기 동일성을 추구하는 염세적 사유가 아니라 이승에서 실현 가능한 삶의 낙원을 찾으려는 건강하고 창조적인 상상력을 지니고 있다.

이러한 시인의 사유는 넓게 절제의 미학으로 통할 수 있는데, 그것은 행과 연 구성 방식으로 구조화되기도 하여 눈길을 끈다. 이번 시집에서 2행 1연의 규칙적인 연 구성 방식을 취한 작품이 20%에 이르고, 약간의 파격을 포함하여 3행 연 등으로 확장된 유형까지 더하면 상당한 수치를 보여준다. 이 형태가 미학적으로 더 주목되는 까닭은 자유시이면서도 자유시의 한 장점인 상상력을 자유롭게 펼치는 방법보다는 일정한 틀 안에서 적절하고도 적확한 시어들을 심사숙고해서 찾아 조합해야 하는 어려운 길을 선택했기 때문이다. 그리고 현실 인식이 강하게 노출되는 작품들이 대체로 비연시非聯詩이거나 각 연의 행수가 들쭉날쭉하여 규칙성이 잘 보이지 않는 데 비해 무위자연을 지향하는 시들은 2행 1연의 행수율을 따르는 작품이 많고 시상의 전개 과정도 상대적으로 단출하고 명징한 점에서 내용과 형식의 불가분리의 원칙을 세심하게 고려한 점도 지나쳐볼 수 없다. 이에 보태어 1연 2행의 규칙성을 보이는 시 형태는 김억을 비롯해 정지용과 청록파 시인들, 그리고 현대 시인들도 더러 선호하는 경향을 보여 행 구성의 한 전통으로 자리를 잡고 있음을 고려하면 홍우계 시인의 시혼에 깃든 관심사 중 또 하나의 미학적 실체로 규정할 만하다. 이런 점들을 종합할 때 최근 시력 불혹에 이르러 그가 자기 성찰과 반성을 통해 거듭나기를 갈망한 결과가 상당한 결실을 거두고 보람을 얻을 것으로 보인다.

3. 결핍된 자유로부터 자유롭지 못한 시인의 숙명

지금까지 우리는 홍우계 시인의 최근작들을 통해 그가 배척하고 추구하는 두 개의 상반된 시적 사유 중에 주로 추구하는 제재와 주제 및 형식에 대해 살펴보았다. 이 유형의 작품들은 1부에 집중적으로 배치되어 있는데 이 편집 의도에는 어떤 의미가 있지 않을까 하여 내 경험에 비추어 잠시 짐작해보면 이렇다. 일단 무엇보다도 가장 최근에 지은 작품들이라는 점을 꼽을 수 있다. 이는 이전 작품들에 대한 성찰이나 반성이 반영되었고, 또 나이와 경험 및 세계관과 숙련도 등도 더 축적된 상태로 일정한 변화와 진전이 이루어진 결과이므로 그만큼 정제되고 마음에도 든다고 판단한 작품일 수 있다. 또 하나 덧붙여보고 싶은 것은, 혐오스러운 세태는 부정과 비판과 반성을 통해 시인에게 작시의 꿈을 촉발하게 한 중요한 현안 제재이기는 하지만 사실은 꼴도 보기 싫고 초월하고 싶은 대상이라는 점이다. 그러니까 어두운 현실 문제가 싹 사라지면 좋듯이 작품 배열에서도 뒤쪽으로 밀쳐두고 싶기도 했을 것이다. 주제넘거나 개인적 짧은 소견으로 나는 이러한 시인의 심중을 엿본 나머지 그런 작품에 대해 의도적으로 유보하고, 다만 밝은 빛의 사유로 빚어낸 작품들을 다루는 과정에서 그 대척적인 예로서 가끔 살짝살짝 거론할 뿐이었다.

  그런데 그의 시를 읽고 풀어가는 과정에서 자꾸 마음이 흔들렸다. 마음에 드는 대목만 다루고 그렇지 않은 것들은 깡그리 무시하거나 제외해도 될까? 그러면 너무 선택적인 글쓰기가 아닌가? 오락가락 갈피를 잡지 못하다가 마지막에 이르러 이렇게 절충하였다. 완전히 다 무시할 수는 없다, 그러니 포괄적으로라도 내비치는 것이 좋다고. 이런 결론 끝에 찾아낸 것이 바로 다음과 같은 시이다.

> (…전략…)
> 차창 너머 지나가는 불 밝힌 창처럼
> 낡은 영화필름처럼
> 이름도 없이 명멸한 이름들,
> 강가 모래알보다 많았을 사람들.
>
> 종착역은 어디인지
> 얼마를 더 갈지
> 어디만큼 왔는지

다음 역은 어디인지.

가도 가도 터널보다 어두운 밤
밤으로 가는 열차는
없는 듯 희미한 역사를 통과하고
또 한 장 역사가 넘어간다.
　　　　－「열차에서 역사를 읽다」 부분

　구구한 설명이 구차할 만큼 시인이 혐오하고 부정하는 정황이 거의 직설적으로 드러난다. 시간의 흐름을 열차가 달리는 상황에 빗대어 시상을 풀어낸 이 시에서 시인은 세상과 역사에 대한 자기 인식을 담아낸다. 시적 사유의 줄기는 '낡은 필름'처럼 지나가는 차창 밖의 수많은 이름 모를 사람들, 현재도 미래도 불투명하여 막막하고 불안한 존재들, '가도 가도 터널보다 어두운 밤', '밤으로 가는 열차', '없는 듯 희미한 역사를 통과하고', '또 한 장 역사가 넘어간다' 등등으로 이루어져 있다. 한마디로 줄이면, 세월이라는 시간은 점점 더 어둠이 짙어지는 밤으로 세상을 끌고 간다는 것이다. 과거의 축적인 역사라는 거울에 비춰 미래도 다르지 않으리라는 비극적인 세계관으로 시인은 절망을 노래한다. 절망을 노래한다는 말이 어폐가 있겠지만 시인이기에 부르짖기보다는 노래해야 격에 맞는다. 그래서 그는 없는 듯 희미한 역사驛舍처럼 의미가 그리 빛나지 않는 역사歷史의 한 장이 또 넘어갈 뿐인 허무하고 절망적인 정황을 행과 연을 나누며 미적 체계를 입히면서도 불규칙하게 배열하여 노래의 형식을 최소한으로 적용하였다. 여기에 驛舍와 歷史를 견주는 말놀이를 통해 물질/ 정신, 유형/ 무형의 공간, 정적/ 동적 등의 같은 소리에 다른 의미를 중첩해 허무 의식을 은밀히 심어 놓기도 하였다. 이렇듯 이 시에는 시인의 극한적이고 비극적인 세계인식이 포괄적으로 집약되어 있다. 그러니 여기에 무엇을 더 보태고 뺄 필요가 있겠는가?

 이로써 우리는 시인이 왜 무위자연의 꿈에 흠뻑 젖고, 또 이를 통해 자유의 순간에 들 수 있다는 믿음을 확인하기 위해 한없이 번거로운 공간(도시) 저편인 한적한 장소(자연)를 찾거나 상상하는 까닭을 알 수 있다. 인간들이 지어내는 이른바 흑역사가 대부분 지혜(?)로 포장된 약아빠지고 약삭빠른 계산 즉, 인위人爲 또는 작위作僞=僞善에 의해 저질러짐을 헤아리면 그의 갈망이 얼마나 현실적이고 당위적인지 절로 풀린다. 장자는 자유무애自由無碍라는 큰길[大道]을 말하는 과정에서 자유라는 말은 '자기에서 비롯된다'(『장자』 5장)고 설파하였다. 그것은 남이 보장해주는 게 아니라 제 할 탓이라는 것이다. 그러니까 스스로 바라며 애써 찾아가지 않으면 이를 수 없는 극점, 그게 바로 참된 자유의 경지임을 장자는 강조하였다. 이런 점에서 시인이라면 대체로 누구나 일상처럼 공기를 마시고 밥을 먹듯이 상상하고 추구하고 표현하는 자유는 더없이 현실적이고 절실하며 진실한 주제이다. 시인은 남을 의식하기 전에 먼저 스스로 느낀 결핍된 자유를 성찰하고 그 충족을 위한 탐색 과정을 겪기 때문이다. 홍우계의 최근 시편들은 이런 시인의 숙명과 시적 정의의 한 실체를 동시에 느끼게 한다.

무엇에 대한 어떤 느낌이 우리 마음을 움직여 표현하고 즐기게 하며, 노래하고 춤추게도 한다. 이처럼 홍우계 시인이 예술적 촉수로 감지하고 느낀 자유, 아니 모든 인간의 영원한 지향점이므로 당연히 모든 예술 작품의 궁극적 주제이기도 한 그 자유의 순간에 들 때 인간들 마음에는 즐거움만 고여 시름이 사라질 수 있을 것이다. 저 산에서 '시름없이' 꽃이 피고 지고 다시 피듯이 지나친 인위의 그늘에서 벗어나는 순간 우리는 자연스레 삶을 놀이로 즐길 수 있다. 홍우계 시인이 최근에 더욱 절실히 소망하고 표현하고 즐기는 시적 세계는 그의 시를 읊고 맛보는 이에게도 이런 삶의 극치인 자유에 이르는 새싹 한 그루라도 심어주리라 믿으며, 그의 시를 남 먼저 만난 내 마음도 남보다 먼저 고요해지고 뜨뜻해지는 행운을 누린다.

시와함께Aolong with Poetry)시인선 002

홍우계 시집

나의 봄 우리 여름

초판 인쇄 | 2021년 7월 26일
초판 발행 | 2021년 7월 29일

지은이 홍우계
펴낸이 양소망
펴낸곳 도서출판 넓은마루
주 소 서울특별시 종로구 삼일대로30길21, 618호(낙원동, 종로오피스텔)
전 화 02) 747-9897, 010-7513-8838
E-mail withpoem9@hanmail.net
출판등록 제2019-000100호
인쇄·제본 신아출판사

저작권자 ⓒ 2021, 홍우계
이 책의 저작권은 저자에게 있습니다. 서면에 의한 저자의 허락 없이 내용의 일부를 인용하거나 발췌하는 것을 금합니다.
COPYRIGHT ⓒ 2021 Hong woogea
All right reserved including the rights of reproduction in whole or in part in any form.
저자와 협의, 인지는 생략합니다.
잘못된 책은 바꿔 드립니다.

ISBN 979-11-90962-07-0 04810
ISBN 979-11-90962-04-9 세트

값 10,000원

Printed in KOREA